**REGARDING THE
NEXT BIG OCCASION**

Also by Larissa Miller
in English translation:

POETRY
Guests of Eternity: Selected Poems
Translated by Richard McKane
(Arc Publications, 2008)

PROSE
Dim and Distant Days
Translated by Kathleen Cook & Natalie Roy
(Glas, 2000).

Larissa Miller

Regarding the Next Big Occasion

Poems 2000-2014

Translated by
Richard McKane

2015

Published by Arc Publications,
Nanholme Mill, Shaw Wood Road
Todmorden OL14 6DA, UK
www.arcpublications.co.uk

Copyright in the poems © Larissa Miller 2015
Translation copyright © Richard McKane 2015
Copyright in the present edition © Arc Publications 2015

978 1910345 32 0 (pbk)
978 1910345 33 7 (ebook)

Design by Tony Ward
Cover design by Tony Ward & Ben Styles
Printed in Great Britain by
4edge Limited, Hockley, Essex

This book is in copyright. Subject to statutory exception and to provision of relevant collective licensing agreements, no reproduction of any part of this book may take place without the written permission of Arc Publications.

Arc Pamphlet Series
Series Editor: Tony Ward

CONTENTS

6 / Боже мой…	•	What happiness… / 7
6 / Неуютное местечко…	•	This is a bleak place… / 7
8 / Мой зелёный…	•	My quiet, green garden… / 9
8 / И нет завершенья…	•	There is no completion. / 9
10 / Ночь метельная была…	•	There was a blizzard… / 11
10 / Храни нас Бог…	•	God preserve us… / 11
12 / Посулы дивные…	•	The wondrous promises… / 13
12 / Свет негаснущий…	•	The ever-burning light … / 13
14 / День за днём…	•	Day after day… / 15
14 / Чего мне хочется?	•	What do I want? / 15
16 / Три горчайшие…	•	I take three… / 17
18 / Так грустно…,	•	It's so sad… / 19
18 / Только будьте со мною…,	•	Just be with me… / 19
20 / Вы меня слышите там…	•	Do you hear me… / 21
20 / Дитя лежит…	•	The child is lying… / 21
22 / Всё было …	•	There was everything… / 23
22 / Девочка…	•	There's a girl… / 23
24 / А живём мы…	•	We always live… / 25
24 / А знаешь ты…	•	Do you know why… / 25
26 / «Как дела?»	•	'How are you doing?' / 27
26 / На вазе лошадка…	•	There's a little horse… / 27
28 / А мне нужны слова…	•	I need words… / 29
28 / Здесь мостик…	•	Here is the narrow plank bridge… / 29
30 / Мы только…	•	We are only bordered… / 31
30 / А песенка…	•	The little song… / 31
32 / Утекайте отсюда скорее…	•	Flow faster out of here… / 33
32 / А Россия уроков…	•	But Russia never learned… / 33
34 / Ах, Англия…	•	O England… / 35

* * *

Боже мой, какое счастье!
Всё без моего участья —
Ливень, ветер и трава,
И счастливые слова,
Что в загадочном порядке
Появляются в тетрадке.

2001

* * *

Неуютное местечко.
Здесь почти не греет печка,
Вымирают печники.
Ветер с поля и с реки
Студит нам жилье земное,
А тепло здесь наживное:
Вот проснулись стылым днем,
Надышали и живем.

2001

* * *

What happiness, O Lord!
All without my taking part –
cloudburst, wind and grass
and happy words
that will appear in a notebook
in enigmatic order.

   2001

* * *

This is a bleak place.
Here the stove is scarcely warm.
and the stove-makers are no more.
The wind from field and river
chills our earthly dwelling,
but warmth will come in time:
and look, we wake into the chill day,
warm the air by our own breath, and live.

   2001

* * *

Мой зелёный тихий сад,
Ты – мой главный адресат.
Говорю с тобой, вздыхаю,
Говорю и затихаю.
Говорю тебе: «Увы»,
А ответом – вздох травы,
Говорю: «Увы, не спится»,
А в ответ – щебечет птица,
Затихаю, а в ответ –
Птица, яблоня, рассвет.

2002

* * *

И нет завершенья. Ещё не конец.
И тайное что-то задумал Творец,
Ещё продолжается мысли паренье,
Ещё Он намерен продолжить творенье:
Нездешнее что-то в волненье слепить
И горькой любовью потом полюбить.

2003

* * *

My quiet, green garden,
it's you I address most.
I talk with you and sigh,
I talk and fall quiet.
I say to you: 'Alas'
and in answer – a sigh of the grass.
I say to you: 'Oh dear, I cannot sleep...'
and in answer, a bird chirrups.
I am silent, and in answer –
bird, apple-tree, dawn.

   2002

* * *

There is no completion. The end is not yet come.
The Creator has conceived something secret,
his thoughts continue to soar,
He still intends to continue the creation,
to carve out with fervour something mysterious
and then love it with bitter love.

   2003

* * *

Ночь метельная была.
Ангел мой, раскрыв крыла,
Обойми меня, закутай,
Не пускай на холод лютый.
Мне не справиться одной.
Снег идёт сплошной стеной.
Обойми меня крылами,
Отведи, как в детстве, к маме,
Если знаешь, где она…
Снега зыбкая стена
Вырастает перед взором.
Время нас берёт измором.
Ни дорог и ни путей.
Только холод всё лютей,
Да в домах, тоской объятых,
Шёпот ангелов крылатых.

2003

* * *

Храни нас Бог, храни, храни.
Мы в этом мире без брони.
Земля уходит из-под ног.
Но, Господи, и Ты бы мог
Любой душе средь бела дня
Шептать: «Храни, храни меня»

2003

* * *

There was a blizzard that night.
My angel, open your wings,
embrace me, enfold me.
Don't let me into the bitter cold.
I can't manage on my own.
The snow is falling in a solid wall.
Embrace me with your wings,
take me away as in childhood to my Mama,
if you know where she is.
The shaky wall of snow
is growing in front of my eyes.
Time wears down our resistance.
No roads or paths.
Only the cold is more bitter
and in homes, filled with anguish,
winged angels whisper.

   2003

* * *

God preserve us, God preserve us,
for in this world we are without armour.
The earth retreats from under our feet.
But, O Lord, even You could whisper
in the clear bright day to any soul:
'Preserve me, preserve me.'

   2003

* * *

Посулы дивные всё глуше.
А хочется, развесив уши,
Их слушать, слушать без конца…
Цветёт шиповник у крыльца,
Белеет у крыльца шиповник,
И дождь, как молодой любовник,
Стучит то в двери, то в окно…
Лишь благолепие одно
Творится тут и там, повсюду,
И дождик сбил на землю груду
Ему покорных лепестков
И прошумел, и был таков.

2003

* * *

Свет негаснущий льётся и льётся…
Мир без нас так легко обойдётся…
Ну и ладно. Какая печаль?
Слава Богу, сегодня поётся,
И видна негасимая даль.
«После нас хоть потоп», – говорится.
День придёт и дожди будут литься
И распустятся вновь лепестки,
Будут петь оголтелые птицы
В день, когда задохнусь от тоски.

2003

***

The wondrous promises are more and more indistinct,
yet one wants to listen open-mouthed,
to listen to them endlessly...
The wild rose whitens by the porch
and the rain, like a young lover,
knocks now at the door, now at the window...
Just God's grace is created
here and there – everywhere,
and the light rain has brought to the ground
a pile of obedient petals
which rustles – and is gone.

2003

***

The ever-burning light pours down for ever.
The world will get by so easily without us...
Well that's OK. Where's the sadness in that?
Today, thank God, I feel like singing,
and the inextinguishable distance is eminently visible.
'Après nous le déluge' – they say –
and the day will come when the rains will pour
and the petals will open again
and the frenzied birds will sing,
on that day I will choke with anguish.

2003

***

Юле Покровской

День за днём идём по кругу…
Что мы можем дать друг другу?
Что-то всё же можем дать –
Эту в буковках тетрадь
А в тетради строчка вьётся,
В ней про то, как нам живётся,
А, точнее, в ней вопрос,
А, ещё точнее – SOS –
Помогите, помогите –
Вот такие нынче нити
Крепко связывают нас
В пятый раз, в десятый раз.

2003

***

Чего мне хочется? Побега.
Какого-то морского брега,
Каких-то безымянных вод,
И чтоб волна на берег тот
С шуршаньем тихим набегала,
Чтоб надо мной звезда мигала
И чтобы посылала свет
В края, которых в мире нет.

2003

* * *
for Yulya Pokrovskaya

Day after day we go round in circles…
What can we give one to one another?
Nevertheless we can give something –
the notebook with letters in it.
In the notebook the lines whirl,
in it we talk about our daily life,
in it there hangs a question
or more precisely an SOS –
help, help!
Those are the threads that nowadays
bind us tightly
for the umpteenth time.

2003

* * *

What do I want? Escape.
Some sea,
some nameless waters,
with waves running
to that shore with a quiet swish,
where above me a star
might wink and send light
to the realms which are not of this world.

2003

* * *

Три горчайшие таблетки
Запиваю молоком
И подобно малолетке
Не волнуюсь ни о ком.
Улетучилась тревога,
Испарился мой невроз,
Понемногу, понемногу
Станет жизнь долиной роз.
Три таблетки я глотаю,
Как предписано врачом,
И уже почти летаю,
Не горюя ни о чём.
Я таблетки без облаток
Принимаю три подряд…
Этот сон хорош, но краток.
А проснусь – и снова ад.

2003

***

I take three most bitter
tablets with milk
and like a child
don't worry about anyone.
Alarm has flown away,
my neurosis has vanished,
and slowly, slowly, life
becomes a valley of roses.
I swallow the three tablets
as prescribed by the doctor
and am almost in flight,
worrying about nothing.
I take the three bitter tablets
one after the other...
This sleep is good but brief
and I'll wake and it'll be hell again.

   2003

* * *

Так грустно, Господи, так грустно.
Об этом письменно и устно,
И на рассвете и в ночи.
А жизнь, как пламя от свечи.
Оно мало и ненадёжно,
Под ветром мечется тревожно,
Пытаясь выжить как-нибудь,
И так легко его задуть.

2003

* * *

Только будьте со мною, родные мои.
Только будьте со мною.
Пусть стоят эти зимние, зимние дни
Белоснежной стеною.

Приходите домой и гремите ключом
Или в дверь позвоните,
И со мной говорите не знаю о чём,
Обо всём говорите.

Ну хотя бы о том, что сегодня метёт
Да и солнце не греет
И о том, что зимой время быстро идёт
И уже вечереет.

2005

* * *

It's so sad, O Lord, so sad.
I express this in writing and in words,
at dawn and at night.
But life is like a candle flame,
small and unreliable,
anxiously darting to and fro in the wind,
striving somehow to survive –
and it's so easy to blow it out.

   2003

* * *

Just be with me, my dear ones,
just be with me,
let these wintry winter days
become a wall of white snow.

Come home and rattle your keys
or ring the doorbell,
and talk to me about anything,
about everything.

Just about today's snowfall, for instance,
and how the sun is not warm
and that time goes quickly in winter
and it's already evening.

   2005

***

Вы меня слышите там, вдалеке?
Видите, к вам я иду налегке.
Видите, к вам я всё ближе и ближе.
Пёс мой покойный мне руки оближет.
Он не навеки – земной этот кров.
Встретимся с вами без слёз и без слов.
Все мы, с земного сошедшие круга,
Просто затихнем в объятьях друг друга.

2006

***

Дитя лежит в своей коляске.
Ему не вырасти без ласки,
Без млечной тоненькой струи.
О Господи, дела твои.

Тугое новенькое тельце
Младенца, странника, пришельца,
Который смотрит в облака,
На землю не ступив пока.

2006

* * *

Do you hear me there in the distance?
Look, I'm light, I'm travelling towards you.
You see me coming closer and closer.
My dog who died will lick my hand.
The sheltering earth is not for ever.
We'll meet without tears, without words.
And when we leave this circling planet
All will fall quietly into each other's arms.

   2006

* * *

The child is lying in its pram.
It can't grow without tender love,
without the thin, warm stream of milk.
O Lord, these are Your ways.

The taut, new little body
of the infant, the pilgrim, the stranger,
who looks at the clouds,
not yet having set foot on the earth.

   2006

***

Всё было – и кровь и расстрельные списки,
Баланда тюремная в погнутой миске,
И пытки, и дым смертоносных печей,
Но снова ты млеешь от нежных речей,
Земное дитя, неразумное чадо.
И снова ты солнышку вешнему радо,
И снова ты греешься в вешних лучах
И бродишь в лесу при осенних свечах.

2006

***

Девочка с высоким лбом
В чём-то сером, голубом
На картине старой очень.
Кто сказал, что мир не прочен,
Если смотрит до сих пор
Девочка на нас в упор
Взглядом светлым, безмятежным
В платье льющемся и нежном,
Приглашая: «Не спеши.
Поживи со мной в тиши.
Отдохни со мною рядом
Под моим недвижным взглядом».

2007

* * *

There was everything: blood and firing squad lists,
prison gruel in bent tin bowls
and torture and smoke of the death ovens,
but now, once again, you are overcome with tender words,
child of the earth, unreasonable offspring.
And again you delight in the spring sun,
and again you warm yourself in its spring rays,
and wander in the forest among the autumn candles.

    2006

* * *

There's a girl with a high forehead,
wearing something grey and pale blue
in a very old picture.
Who can say that the world is not stable
if this girl still stares
at us with bright, untroubled eyes,
in a gently flowing dress,
inviting us: 'Don't hurry.
Live calmly with me.
Rest beside me
under my motionless gaze.'

    2007

* * *

А живём мы всегда накануне.
Накануне каникул в июне,
Часа звёздного, чёрного дня,
Золотого сухого огня.
Накануне разлуки и встречи.
Обними меня крепче за плечи.
Мне не жить без тепла твоего
Накануне не знаю чего.

2007

* * *

А знаешь ты зачем я тут,
Зачем здесь лютики цветут,
Зачем трава меня щекочет,
Зачем кузнечик так стрекочет,
Зачем шиповник заалел,
Зачем так дождик звонко пел,
Зачем в глаза мне солнце било?
Затем, чтоб я тебя любила.

2007

* * *

We always live on the eve,
on the eve of June holidays,
of the starry hour, of the black day,
of the golden, dry flame.
On the eve of parting and meeting.
Hug my shoulders tighter.
I cannot live without your warmth
on the eve of I know not what.

   2007

* * *

Do you know why I'm here,
why the buttercups flower here,
why the grass tickles me,
why the grasshoppers make such a racket,
why the wild rose has turned crimson,
why the gentle rain tinkles softly,
why the sun beats in my eyes?
It's because I love you.

   2007

***

«Как дела?»,– меня спросили.
Говорю: «Траву скосили.
Август яблок надарил.
Сын варенье наварил.
Ароматнее варенья
Мир не знал со дня творенья».

2007

***

На вазе лошадка на стройных ногах.
Лошадка участвует в древних бегах.
Лошадка бежит. Развевается грива.
Она нарисована так кропотливо.
Давай перед нею еще постоим.
Согреем лошадку вниманьем своим.
Ведь бегать и бегать ей, бедной, веками,
Коль ваза не грохнется, став черепками.

2007

* * *

'How are you doing?', they ask me.
I reply: 'The grass has been scythed.
August lavished us with apples.
My son made jam.
The world has never known
more fragrant jam since the Day of Creation.'

   2007

* * *

There's a little horse on the vase with graceful legs.
She's taking part in an ancient race.
The little horse runs. Her mane waves.
She is drawn so meticulously.
Let's stand looking at her a bit longer.
Let's warm the little horse with our attention.
She has to run and run, poor thing, through the ages,
until the vase is smashed into fragments.

   2007

***

А мне нужны слова, которых нет в природе.
Ни рядом – на земле, ни там — на небосводе,
Ни на небе седьмом, ни где-то выше, выше,
И хочется сказать: "Пожалуйста, потише".
А вдруг случится так, что слово народится,
Короткое, как вдох, пугливое, как птица.

2007

***

Здесь мостик над речкой дощатый и узкий,
Здесь даже трава понимает по-русски.
Здесь так хорошо обо всём говорить
И в поле заросшем тропинку торить,
И, кажется, могут и травы и речка
Едва я запнусь подсказать мне словечко.

2008

* * *

I need words that don't exist in nature,
neither here on earth, nor there in the heavens,
neither in seventh heaven, nor somewhere even higher,
and I want to say: 'Quieter, please'.
But suddenly it happens, and the word is born,
short as an inward breath, tremulous as a bird.

    2007

* * *

Here is the narrow plank bridge over the stream.
Here even the grass understands Russian.
And it's so good to speak about everything
and tread the path in the overgrown field.
And it seems the grasses and stream
can prompt me if my speech falters.

    2008

* * *

Мы только с воздухом граничим,
С пространством солнечным и птичьим,
Где ветер, где листва летит
И нам дорогу золотит.
И с воздухом, где лист и птица,
Не охраняема граница.

   2008

* * *

А песенка, что родилась,
С моим дыханием слилась.
Пою ли я, дышу – не знаю.
Вот прохожу я птичью стаю,
Они поют, и я пою,
Но каждый песенку свою.

   2008

* * *

We are only bordered by air,
by sunny and bird-filled space,
where the wind and leaves fly
and make our path golden.
We border on the air
where the leaves and birds are,
and the border is unprotected.

   2008

* * *

The little song that was born
fused with my breathing.
I don't know whether I'm singing or breathing.
I pass through the flock of birds,
they're singing and I'm singing too,
but each one our own song.

   2008

***

Утекайте отсюда скорее, несчастные реки.
Не найдёте вы здесь ни любви, ни заботы вовеки.
Не стремитесь сюда, перелётные, вольные птахи.
Ну, зачем вам края, где живут в озлобленье и страхе?
Уходите отсюда деревья, хоть знаю – вам трудно
Вырвать корни из почвы. Но верьте – в отчизне подспудно
Зреет тёмное нечто. Ведь свойственно краю родному
Коль рубить – то под корень. Коль резать – то всласть, по живому.

2011

***

А Россия уроков своих никогда не учила,
Да и ран своих толком она никогда не лечила,
И любая из них воспаляется, кровоточит,
И обида грызет, и вина костью в горле торчит.
Новый век для России не стал ни эпохой, ни новью.
Матерится она и ярится, и кашляет кровью.

2011

***

Flow faster out of here, unhappy rivers.
Here you will find no love nor lasting care.
Don't try to come here, free and wandering birds.
Why be where people live in anger and fear?
Get out of here, trees – though I know for you it is hard
to rip your roots from the soil. But believe it: covertly
there's a darkness that grows in our land.
But of course that is just like our country:
if it cuts things down, it does so at the roots.
If it hacks them about, then it is with pleasure, while they
    are still alive.

2011

***

But Russia never learned her lessons,
and never healed her wounds up properly,
any one of them may get inflamed, and bleed,
And insults gnaw, and guilt sticks in the throat like a bone.
For Russia, the new century has not become an epoch or a
    new age.
She is cursing, coughing blood and full of rage.

2011

* * *

Ах, Англия, стриги же свой газон,
Как можешь, окультуривай пространство.
Нам так необходимо постоянство
Хоть чьё-то в чём-то. Вот и весь резон.
Прогуливай собачку поутру,
Раскуривай, обед закончив, трубку.
Чтоб удалось забыть, что нас, как шлюпку,
Швыряет на безжалостном ветру.
А коль в конце размеренного дня
В камин подбросишь круглое поленце,
То я усну счастливым сном младенца
Под тихий треск уютного огня.

2013

* * *

Oh England, tidy your lawn,
as far as possible cultivate space.
We desperately need constancy
at least from somewhere.
That's why we cherish your routine so much.
Walk your little dog in the morning,
smoke your pipe after supper.
So that you can forget that we, like a boat,
are flung on the merciless wind.
And if at the end of the measured day
you throw a round log into the fire,
then I will fall asleep like an infant
to the crackling of the comforting flame.

2013